꿈은 희망을 버리지 않는 사람에게 주어진 선물입니다.
'미래로 열린 창'이 되어 줄 이 책이
아이의 숨겨진 관심과 흥미를 발견하는 시작이 되길 바랍니다.

글 달토끼

달토끼는 어린이 책에 글을 쓰고 그림을 그리는 기획 모임이에요.
철학과 문학, 디자인과 출판 매체를 전공하고,
각 분야에서 전문가로 활동한 어린이 책 작가들이 모여 있습니다.
달토끼는 우리 눈에 잘 보이지 않지만,
상상의 달에 살고 있는 엉뚱한 토끼랍니다.
지금도 어린이들에게 꿈과 환상과 모험이 가득한 이야기를 들려주기 위해
머리를 맞대고 열심히 궁리 중이랍니다.

그림 조용현

어릴 적부터 무척이나 산만한 아이였어요.
게임도 해야 하고 축구도 해야 했으니까요.
그런데 신기하게도 그림을 그릴 때면
집중력의 왕이라고 불릴 만큼 몰입했어요.
만화를 엄청 좋아했기에 만화가가 꿈이었지만,
지금은 동화 그림 작가가 되었네요.
만화와 동화는 아이들에게 즐거움을 준다는 공통점이 있잖아요.
그래서 매우 즐겁게 일하고 있답니다.

 지훈이는 게임 왕!

펴낸이 박도선 | **펴낸곳** 태동출판사
기획 자오 E & B 이선교, 이미지, 서필선, 김미미, 구교열
편집 한성희, 전석구, 임유진, 원선희 | **디자인** 박성민, 이향숙, 고윤이 | **웹마스터** 오승훈
마케팅 김현미, 이진규, 정충원, 최금화 | **관리** 김태운, 강창걸, 한재현, 김선옥, 박지희, 오혜민
사진 대여 타임스페이스, 연합뉴스 | **출판등록** 1999년 6월 10일, 제10-1773호
주소 413-756 경기도 파주시 교하읍 문발리 파주출판단지 520-9번지
대표 전화 031-955-0380, 031-955-0383(편집부) | **팩스** 031-955-0384
고객 상담 080-955-0382 | **전자메일** dosi1@chollian.net

ⓒ 태동출판사 2008, Taedong
이 책은 태동출판사에서 저작권을 소유하고 있으므로
본사의 동의나 허락 없이 글이나 그림, 사진을 사용할 수 없습니다.

* 잘못된 책은 구입한 곳에서 바꿔드립니다.

내 꿈은
놀이 | 게임

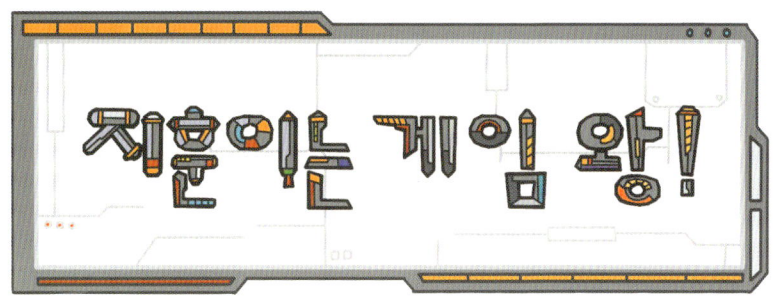
지훈이는 게임 왕!

글 달토끼 | 그림 조용현

태동출판사

"지훈아, 네 덕에 우리 학교는 우승할 거야!"

반 아이들이 지훈이 곁으로 몰려들었어요.
지훈이가 게임 실력을 겨루는
스쿨 리그의 학교 대표로 뽑혔거든요.
아이들은 저마다 신이 났어요.
하지만 지훈이는 입을 꾹 다물고 있네요.
전국에서 잘하는 학생들만 모이는
스쿨 리그가 자신 없는 모양이에요.

"그럼. 지훈이는 고등학생 형들도 이기는걸."

와! 함성이 터져 나왔어요.
지훈이의 테란이 중학생 형의 프로토스를
순식간에 이기고 준우승을 차지했어요.
응원하러 온 지훈이 아빠도,
담임 선생님도 박수를 치며 기뻐했지요.
하지만 엄마는 뾰로통해 있네요.
'엄마도 기뻐하시면 좋을 텐데……'

*테란, 프로토스
컴퓨터 게임인 〈스타크래프트〉에 나오는 종족의 이름이에요.

지훈이는 오늘 기분이 무척 좋아요.

지훈이의 경기를 지켜본 프로 게임 팀 감독의 초대를 받았거든요.

가장 좋아하는 테란 천재 태환이 형을 볼 수 있다니,

정말 꿈만 같은 일이지요.

프로 게임 팀 숙소에 도착하자,

형들이 우르르 몰려나와 반겨 주었어요.

Tip 프로 게이머는 나이 제한이 있나요?
프로 게이머가 되는 데 나이 제한은 없어요.
14세에 프로 게이머가 된 친구도 있답니다.
하지만 너무 어린 나이에 프로 게이머가 되면 공부하는 데 지장이 있어요.

"지훈이 너, 정말 잘하던데?"

태환이 형의 말에 지훈이는 어깨가 으쓱해졌어요.

"저도 나중에 태환이 형처럼 프로 게이머가 되는 것이 꿈이에요. 그런데……."

지훈이가 갑자기 시무룩해지는 것 같더니,

으쓱했던 어깨도 처져 보이네요.

엄마가 프로 게이머 되는 것을 반대하기 때문이에요.

엄마, 저는 프로 게이머가 되고 싶어요!

"부모님 생각은 다 같은 모양이야.
나도 우리 부모님께서 많이 반대를 했었어."
"형도요?"
지훈이는 태환이 형이 부모님의 반대를 무릅쓰고
어떻게 프로 게이머가 되었을까 궁금했어요.
"스타크래프트는 전략을 잘 짜야 이길 수 있어.
그런데 네 나이에 공부를 안 하면 좋은 전략을 짤 수 없겠지?"

Tip 프로 게이머가 되려면 꼭 합숙을 해야 하나요?
꼭 그런 것은 아니에요. 하지만 프로 게임 팀에 소속되면 대부분 합숙하면서 함께 연습을 해요. 그러나 팀에 가입하지 않은 프로 게이머는 합숙을 하지 않겠죠.

지훈이는 태환이 형과 함께 프로 게이머들이
생활하는 숙소를 둘러보았어요.
프로 게이머들은 꾸준히 연습을 해야 하기 때문에
숙소에서 함께 생활한대요.
'어! 이렇게 합숙을 하면, 아빠 엄마와 떨어져 살아야 하잖아?'
지훈이는 속으로 걱정이 되었어요.

"태환이 형, 합숙을 하면 아빠 엄마 안 보고 싶어요?"
"왜 안 보고 싶겠어. 그런데 다른 친구들과 같이 연습해야 실력도 늘고,
열 시간 이상 연습하려면 합숙을 할 수밖에 없어."
지훈이는 테란의 천재인 태환이 형도
그렇게 많이 연습한다는 소리를 듣고 깜짝 놀랐어요.
'잠도 많고 게으른 내가 합숙 생활을 할 수 있을까?'

지훈이는 프로 게이머 형들이 출전하는 경기에 따라가 보기로 했어요.
출발 전에 감독과 코치들 그리고 프로 게이머 형들이 모두 모였어요.
작전 회의를 해야 한대요.

어떤 선수가 출전할 건지, 어떤 전략으로 싸워야 할지를 의논해야 하거든요.
그런데 프로 게이머 형들은 여러 가지 징크스가 있대요.
어떤 형은 콜라를 마셔야 시합이 잘 되고,
어떤 형은 세수를 안 하고 가야 시합이 잘 된대요.

경기장에 도착하니, 많은 팬들이 모여 있었어요.
그중에서 태환이 형의 팬들이 가장 많았어요.
'이렇게 많은 팬들이 있어서 형은 얼마나 좋을까?'
지훈이는 자랑스러운 태환이 형 얼굴을 힐끗 보았어요.
그런데 얼굴이 잔뜩 굳어 있는 거예요.
프로 게이머들은 시합하기 전부터 자신의 감정을 조절하기 때문에
태환이 형의 얼굴이 그렇게 굳어 보였던 겁니다.

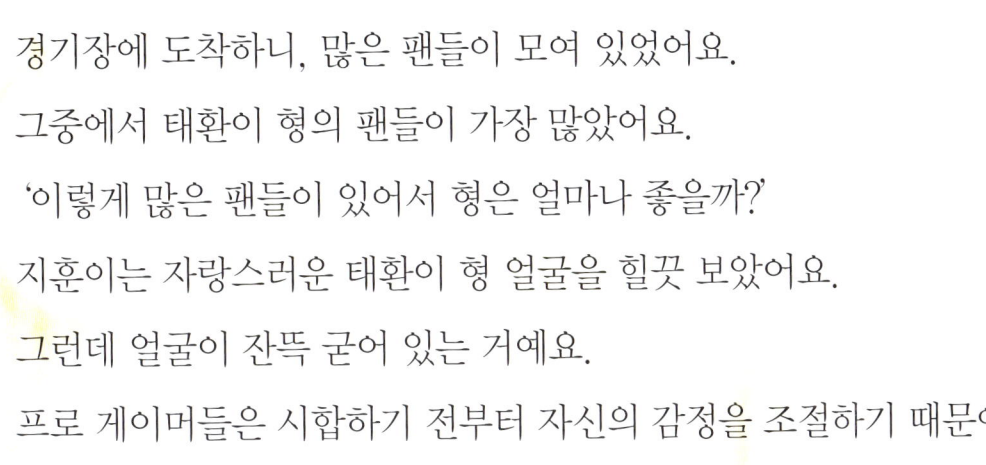

Tip 프로 게이머는 어떤 능력이 있어야 하나요?
프로 게이머는 순발력과 판단력 그리고 긴급 상황에 대처할 수 있는 능력이 남보다 뛰어나야 해요.
그래서 투자 회사나 순간 판단력을 필요로 하는 업체에서 프로 게이머들을 스카우트하기도 해요.

경기장 안은 함성으로 가득 찼어요.

태환이 형의 팀과 다른 팀의 성적이 지금까지 동점이에요.

이제부터 펼칠 태환이 형의 마지막 경기가 승부의 고비랍니다.

태환이 형은 잔뜩 긴장한 얼굴로 장비를 챙겼어요.

대기석에서 기다리는 다른 선수들과 감독, 코치도

제대로 숨을 쉬지 못할 만큼 긴장한 것 같아요.

Tip **프로 게임 심판은 어떤 일을 하나요?**
프로 게임 심판은 선수들이 사용하는 장비가 규정에 맞는지를 확인하고,
시합이 잘 운영될 수 있도록 컴퓨터의 상태를 살펴요.
또 시합 도중 선수들이 규정에 위반되는 행위를 하는지도 감시한답니다.

"테란 천재도 이 상황에서는 어쩔 도리가 없겠는데요."
경기를 중계하던 해설자가 말했어요.
지훈이가 보아도 이번 시합은 태환이 형이 질 것 같았답니다.
하지만 태환이 형은 포기하지 않았어요.
"와! 와!"
갑자기 시합장에 함성 소리가 커지기 시작하더니,
응원하던 사람들이 모두 일어섰어요.
태환이 형의 테란이 승리를 차지했기 때문이에요.

경기를 끝내고 돌아오는 버스 안에서
지훈이는 옆에 앉은 태환이 형을 한동안 올려다보았어요.
끝까지 포기하지 않고 최선을 다해 승리를 일구어 낸
태환이 형이 너무 믿음직했거든요.
"지훈이는 프로 게이머가 꿈이라고 했지?"
태환이 형이 다정한 눈으로 지훈이에게 물었어요.
"프로 게이머가 되기 위해서는 게임을 잘하는 것도 중요하지만,
어떤 상황에서도 최선을 다해야 한다는 것을 잊지 마!"

지훈이는 스르르 잠이 들었어요.

오늘 태환이 형을 따라 다니느라 너무 피곤했나 봐요.

지훈이는 꿈속에서 태환이 형과 한 팀이 되어

멋진 경기를 펼쳤어요.

앞으로 지훈이는 더욱 열심히 공부하고,

힘들어도 포기하지 않을 거예요.

그래서 태환이 형처럼 멋진 프로 게이머가 될 거예요!

프로 게이머가 되려면?

성호도 꼬꼬마 지훈이처럼 프로 게이머가 되고 싶어 해요.
성호가 프로 게이머가 되려면 지금부터 무엇을 준비해야 할까요?
지금부터 프로 게이머가 되는 과정에 대하여 알아보기로 해요.

충분한 준비를 해야 해요.
프로 게이머가 되려면 뛰어난 게임 실력도 필요하지만
게임에서 승리할 수 있는 전략도 잘 짜야 한답니다.
그러기 위해서는 많은 책을 읽고,
다른 사람들이 하는 게임도 보면서 충분히 공부해야 해요.

커리지 매치에서 실력을 인정받아야 해요.
프로 게이머가 되려면 먼저 아마추어 게이머들이 실력을 겨루는
커리지 매치에 참가하여 좋은 성적을 거두어야 해요.
커리지 매치는 일 년에 두 번 열리고
많은 선수들이 참가하기 때문에
오랜 시간 준비를 해야 한답니다.

프로 게이머들이 모여 포즈를 취하고 있어요.

프로 게임 구단에 입단해서 훈련을 받아야 해요.
커리지 매치에서 좋은 성적을 거두고 일정한 교육을 받게 되면
프로 게이머 자격을 얻게 돼요.
이때부터 프로 게임 리그에 참가할 수 있지만,
프로 게임 구단에 입단하여 실력을 쌓으면
더 좋은 성적을 거둘 수 있답니다.

수많은 게이머들이 모여 실력을 겨루고 있어요.

우리도 소개해 주세요

우리가 재미있게 즐기는 게임 하나를 만드는 데 수많은 사람들의 노력이 필요해요.
또, 게임 중계를 하는 데도 여러 사람의 힘이 합쳐져야 한답니다.
게임과 관련해서 어떤 사람들이 무슨 일을 하고 있는지 알아보기로 해요.

게임 프로듀서

게임 프로듀서는 PC 게임이나 네트워크 게임 등 게임용 소프트웨어 제작을 감독하고 연출하는 사람이에요. 그리고 케이블 TV의 게임 관련 프로그램을 제작하거나, 게임 대회를 기획하고 진행하는 사람도 게임 프로듀서라고 칭한답니다.

게임 맵 제작자

온라인 게임에서 사용되는 전장, 혹은 맵을 기획하고 제작하는 사람을 말해요.
요즘에는 편리하게 맵을 만들 수 있는 프로그램이 있어, 관심과 노력만 있으면 누구나 맵 제작자가 될 수 있답니다.

게임 프로듀서가 대학교에서 특강을 하고 있어요.

온라인 게임인 '루니아전기'의 게임 화면이에요.

게임 방송 해설자

게임 방송 해설가는 경기를 방송으로 내보낼 때, 시청자들이 쉽게 이해할 수 있도록 해설을 해 주는 사람이에요.
스포츠 해설자와 비슷한 일을 하지요.

게임 옵저버

게임 옵저버는 게임 맵 전체에서 일어나는 상황을 꼼꼼히 챙겨 보고 있다가, 중요한 곳에서 중요한 상황이 벌어지면 그 상황이 방송될 수 있도록 돕는 일을 해요.

게임은 어떻게 만들어지나요?

게임이 만들어지려면 짧게는 몇 개월에서 길게는 5, 6년이 걸리기도 해요.
어떠한 과정을 거치기에 이렇게 개발 기간이 긴지 알아봐요.

1. 게임 기획자가 전체적인 구상을 합니다. 게임 프로듀서는 게임 제작을 지휘해요.

2. 게임 스토리 작가는 게임 기획자의 구상을 토대로 어떻게 진행하면 재미있을지를 생각하여, 그것을 바탕으로 이야기를 만들어요.

3. 이야기가 나오면 그래픽 디자이너가 이야기 속에 등장하는 다양한 캐릭터들과 배경 그리고 게임 아이템 등을 설정해서 컴퓨터 그래픽으로 작업해요.

4. 그래픽 작업이 완성되면 어떤 게임 엔진을 사용할지 결정해요. 보통은 이미 만들어진 게임 엔진을 고쳐서 사용하지만, 필요할 때는 엔진 제작자에게 만들어 달라고 부탁도 해요.

5. 맵 제작자가 엔진에 맞는 맵을 설계해요.

6. 엔진이 선택되면 프로그래머가 캐릭터들의 다양한 움직임을 설정하고, 맵과 캐릭터 그리고 엔진이 잘 어울려 움직이도록 게임 프로그램을 해요.

7. 프로그램이 거의 완성되면, 사운드 디자이너가 게임에 사용될 음악과 효과음을 만들어요.

8. 알파 버전은 제일 처음 만들어진 게임을 말해요. 알파 버전에서 부족한 부분을 고치면 베타 버전이 되기도 하고, 완성된 게임이 나오기도 해요.

9. 알파 테스터들의 다양한 충고와 게임의 잘못을 찾아서 고치면, 드디어 게임 완성!

부모님께

게임에는 부정적인 요소가 있습니다.
그렇기 때문에 대부분의 부모들은 아이들이 게임에 노출되는 것을 꺼리고,
아이들이 프로 게이머가 된다고 하면 반기를 들기도 합니다.
그러나 이제 게임이 하나의 두뇌 스포츠로 자리 잡고 있습니다.
부모님 세대에 바둑의 명인이 부와 명예를 얻었듯이,
지금은 프로 게이머들이 그 이상의 부와 명예를 얻고 있습니다.
비록 프로 게이머가 활동할 수 있는 기간이 길지 않지만,
은퇴 후의 안정 보장과 함께 여러 다른 분야로의 진입이 점점 쉬워지고 있습니다.
지금 이 책을 읽는 아이들이 자라서 직업을 정할 때쯤이면
프로 게이머는 안정되고 유망한 직종으로 자리매김할 것입니다.

추천사

아이의 숨겨진 관심과 흥미를 발견하게 하는
'미래로 열린 창'

어렸을 적 아이들의 꿈은 참으로 다양합니다.
아이들이 가진 꿈의 종류만큼이나 직업의 세계 또한 많습니다.
앞으로 커서 자신만의 멋진 꿈을 펼치려는 아이들에게 필요한 것은
자신의 적성과 능력, 개성을 발견하는 일입니다.
이 책은 새롭고 낯선 경험을 하면서 자신의 꿈을 찾아가는 어린이들에게
훌륭한 길잡이가 되어줄 것입니다.
어렸을 때의 호기심을 시작으로 사람들이 새로운 것을 찾고 배우며,
낯선 경험을 하고자 하는 것은 진정으로 자신이 원하는 꿈을 찾아
떠나는 기나긴 인생 여행과도 같습니다.
이 책에 등장하는 주인공들과 함께 지금까지 알지 못했던
다양한 직업의 세계를 여행하며, 자신에게 가장 잘 어울리는 것이
무엇인지를 찾아 꿈을 키워가는 소중한 계기가 되었으면 합니다.

사람이 갖고 있는 무한한 잠재력은
어린 시절의 생활과 학습태도에 따라 각기 다르게 나타납니다.
그 잠재력을 일찍 발견하여 보석으로 가꾸어주는 것은
부모님과 선생님의 역할입니다.
미래의 직업에 대한 호기심과 흥미, 이해관계를 통해 아이들이
보다 빨리 자신의 목표를 결정할 수 있도록 도와주어야 합니다.
어렸을 때부터 공부를 잘하려면 우선 미래에 대한 목표가 뚜렷할수록 좋습니다.
이에 따라 자신의 미래에 대한 멋진 모습을 상상하며 가정이나 학교에서
즐겁게 생활하며 공부할 수 있도록 해주어야 합니다.
이 책은 아이의 숨겨진 관심과 흥미를 발견하게 하는
'미래로 열린 창' 이 되어줄 것입니다.

— 안도현(시인 · 우석대 문예창작과 교수)

직업동화 시리즈 내꿈은

● 적성
01	재동이	뚝딱뚝딱 재주 많은 재동이
02	아름이	아름답고 멋있는 아름이
03	궁금이	물음표가 많은 궁금이
04	방글이	마음이 따뜻하고 싹싹한 방글이
05	힘찬이	씩씩한 힘찬이
06	성실이	바른생활 대장 성실이

● 생활
07	요리	행복한 요리사가 될 거야!
08	가정	사랑의 웨딩플래너
09	패션	우리는 옷이 좋아
10	농사	아빠가 키운 파프리카
11	건축	우리 가족은 건축가
12	자동차	모터쇼 스타 방글이

● 사회
13	역사	우리 문화를 지켜요
14	법률	국제 변호사를 소개합니다
15	경영	CEO를 꿈꾸는 신입 사원
16	정치	좋은 나라 앞장서서 만들어요
17	금융	숲속 나라 부자 친구들

● 과학
18	식물	나무가 좋아, 꽃이 좋아
19	동물	동물 친구들, 우리가 돌볼래요
20	의사	의사 선생님, 고맙습니다
21	생명공학	궁금해요, 생명 공학
22	항공	꿈을 싣고 비행을 떠나요!
23	철도선박	기차 타고, 배 타고
24	도시	도시를 만드는 마술사
25	환경에너지	에너지 척척박사 한태양
26	해양지질	남극에서 온 편지
27	전자정보통신	미래에서 온 친구 땡땡
28	기상관측	태풍이 몰려온대요!
29	우주	2020년, 우주 탐험 시대
30	로봇	로봇 토토를 고쳐 주세요

● 예술
31	음악	흔들흔들 오케스트라
32	무용	아이 러브 발레
33	영화	레디, 액션! 영화 촬영장에 갔어요